AF391325

CATALOGUE

DES

LIVRES

COMPOSANT LA BIBLIOTHÈQUE

De feu M. WLADIMIR BRUNET DE PRESLES

Chevalier de la Légion d'honneur, Membre de l'Institut, Professeur
à l'École des langues orientales vivantes

DONT LA VENTE AURA LIEU

RUE DES BONS-ENFANTS, N° 28

MAISON SILVESTRE, SALLE N° 1

Les Lundi 10 et Mardi 11 Avril 1876

A 7 HEURES 1/2 PRÉCISES DU SOIR

———

Par le ministère de M° **PETIT**, Commissaire-Priseur,
rue Montyon, 19.

———

PARIS

ADOLPHE LABITTE

LIBRAIRE DE LA BIBLIOTHÈQUE NATIONALE
4, rue de Lille, 4

———

1876

Vᵉ RENOU, MAULDE et COCK

IMPRIMEURS DE LA COMPAGNIE DES COMMISSAIRES-PRISEURS

Rue de Rivoli, 144.

ORDRE DES VACATIONS

PREMIÈRE VACATION. — *Lundi 10 Avril 1876*

Nᵒˢ 1 à 109 — Livres en lots.

DEUXIÈME VACATION, — *Mardi 11 Avril 1876*

Suite des Livres en lots.

CONDITIONS DE LA VENTE

La vente est faite au comptant.

Les Acquéreurs paieront CINQ POUR CENT, en sus des enchères, applicables aux frais.

Il y aura exposition, de 2 heures à 4 heures, des Livres catalogués.

Les articles une fois adjugés ne seront repris pour aucune cause.

CATALOGUE

DES LIVRES

COMPOSANT LA BIBLIOTHÈQUE

De feu **M. WLADIMIR BRUNET DE PRESLES**

Chevalier de la Légion d'honneur, Membre de l'Institut, Professeur à l'École
des langues orientales vivantes, etc.

I. THÉOLOGIE, JURISPRUDENCE SCIENCES PHILOSOPHIQUES

1. **SANCTI PATRIS NOSTRI JOANNIS CHRYSOSTOMI** archiepiscopi Constantinopolitani opera omnia quæ exstant. *Parisiis, apud Gaume fratres,* 1829; 13 vol. gr. in-8, dem.-rel. v. fauve.

2. Sancti Patris nostri Basilii Cæsareæ Cappadociæ archiepiscopi opera omnia quæ exstant. *Parisiis, apud Gaume fratres, bibliopolas,* 1839; 3 vol. gr. in-8, dem.-rel. v. fauve.

3. Corpus Juris civilis. Editio stereotypa ex officina Caroli Tauchnitii cura Joannis Ludovici Guilielmi Beck. *Lipsiæ,* 1837; 2 vol. in-4, dem.-rel. chag. vert.

4. OEuvres de Platon, traduites par Victor Cousin. *Paris, Bossange frères,* 1822-1843; 13 tomes en 12 vol. in-8, dem.-rel. v. fauve.

5. Aristoteles, græce, ex recensione Immanuelis Bekkeri edidit Academia regia Borussica. *Berolini*, 1831; 4 vol. in-4, dem.-rel., dos et coins de vélin blanc.

6. Aristotelis Historia de animalibus. *Tolosæ, apud Petrum Bosc*, 1619; in-fol., mar. rouge, fil., tr. dor. (Anc. rel.)

7. Poliorcétique des Grecs, Traités historiques, Récits théoriques, publiés par C. Wescher. *Paris, Imp. impériale*, 1867; in-4, dem.-rel. mar. rouge, dos orné, filet, tête dorée, n. rog.

8. Académie des sciences morales et politiques. 11 vol. in-4 cart.

> Tomes VIII, X, XI, XII, XXIV, XXXII, XXXIV, XXXVI et XXXVII, 2 parties.

II. BEAUX-ARTS

9. Dictionnaire de l'Académie des Beaux-Arts. *Paris, Firmin Didot*, 1858-1869; 10 livraisons in-8 br. forman 3 vol. (Gravures.)

10. Peintures antiques inédites, précédées de recherches sur l'emploi de la peinture dans la décoration des édifices sacrés et publiés chez les Grecs et chez les Romains, faisant suite aux monuments inédits, par M. Raoul Rochette. *Paris, Imp. royale*, 1836; in-4, planches, dem.-rel. v. violet.

11. Recherches sur la peinture en émail dans l'antiquité et au moyen âge, par J. Labarte. *Paris, Didron*, 1856; in-4, dem.-rel. mar. violet, dos orné, fil., tr. jasp.

12. Iconographie grecque, par E.-Q. Visconti : Hommes illustres, 1 vol.; Rois, 2 vol. — Iconographie romaine : Hommes illustres, 1 vol.; Empereurs, 3 vol. *Paris, F. Didot l'aîné*, 1811; ens. 7 tomes en 6 vol. in-4, dem.-rel. v. vert, tr. marbrée et atlas in-fol.

13. Manuel d'iconographie chrétienne, grecque et latine, avec une introduction et des notes, par M. Didron. *Paris, Imp. royale*, 1845; in-4, dem.-rel., mar. viol., tr. jaspées.

14. Recueil de trois cents têtes et sujets de composition gravés par le comte de Caylus, d'après les pierres gravées antiques du cabinet du roi. In-4 cart.

15. Description des antiquités et objets d'art contenus dans les salles du Palais des Arts de Lyon., par le docteur A. Comarmond. *Lyon, Dumoulin*, 1855-1857; in-4, dem.-rel. mar. vert et foncé, tr. jaspées.

16. Description des antiquités et objets d'art composant le cabinet de M. L. Fould, par A. Chabouillet. *Paris, J. Claye*, 1861; in-fol. Planches gravées.

17. Gallery of antiquities selected from the British Museum by F. Arundale, architect, et J. Bonomi, sculptor. *London*, in-4 cart.

18. **CHEFS-D'ŒUVRE** de l'art antique, tirés principalement du musée royal de Naples. 1re série. Monuments de la vie des anciens, texte par M. Bobiou 3 vol. — 2e série. Monuments de la peinture et de la sculpture, texte par J. Lenormant, 4 vol. *Paris, A. Levy*, 1867; ens. 7 vol. in-4, planches au trait, dem.-rel. maroq. marbr. fauve, tête dorée non rognée.

19. Les Tableaux du musée de Naples, gravés au trait par les meilleurs artistes italiens. Texte par Franç Lenormant. *Paris, A. Levy*, 1868; in-4, dem.-rel. maroq. br. plats toile, tr. dor.

20. Recueil d'antiquités égyptiennes, étrusques, romaines et romaines. *A Paris, chez Duchesnes*, 1756; in-4, v. antiq. (Planches gravées).

21. Monuments de l'Égypte et de la Nubie, d'après les dessins exécutés sur les lieux sous la direction de Champollion le jeune, et les descriptions autographes qu'il en a rédigées, publiés sous les auspices de M. Guizot et de M. Thiers. *Paris, Firmin Didot frères*, 1835; 4 vol. gr. in-fol. cart.

22. Monuments égyptiens. Bas-reliefs, peintures, inscriptions, etc., d'après les dessins exécutés sur les lieux par E. Prisse d'Avennes. *Paris, Firmin Didot*, 1847; gr. in-fol. cart.

23. Musée des antiquités égyptiennes ou Recueil des monuments égyptiens, architecture, statuaire, glyptique et peinture, accompagné d'un texte explicatif par Ch. Lenormant. *Paris, Leleux*, 1841; in-fol., dem.-rel. v. rouge.

24. Antiquités de la Nubie ou monuments inédits des bords du Nil situés entre la première et la seconde cataracte, dessinés et mesurés en 1819, par F. C. Gau, architecte. *Stuttgard et Paris*, 1822; gr. in-fol., dem.-rel. maroq. rouge avec coins.

25. Description d'une mosaïque antique du musée Pio-Clémentin à Rome, représentant des scènes de tragédies, par A. L. Millin. *Paris, imp. de P. Didot aîné*, 1829 (28 planches en couleurs).

26. **HISTOIRE DES ARTS** industriels au moyen âge et à l'époque de la Renaissance, par Jules Labarte. *Paris, veuve A. Morel*, 1872-75; 3 vol. in-4 br. (Planches en couleurs).
   Tomes II et III sont en fascicules.

27. Histoire artistique, industrielle et commerciale de la porcelaine, par Albert Jacquemart et Ed. Le Blant, enrichie de 26 planches gravées à l'eau-forte. *Paris, J. Techener*, 1862; 3 vol. petit in-fol., br.

III. BELLES-LETTRES

28. Grammaire comparée des langues indo-européennes, comprenant le sanscrit, le zend, l'arménien, le grec, le latin, le lithuanien, l'ancien slave, le gothique et l'allemand, traduite par M. François Bopp et précédée d'une introduction par M. Michel Bréal. *Paris*, 1866-74; 5 vol. in-8, br.

29. Les Écritures cunéiformes. Exposé des travaux qui ont préparé la lecture et l'interprétation des inscriptions de la Perse et de l'Assyrie, par Joachim Ménant. *Paris, B. Duprat*, 1864; — Exposé de la Grammaire assyrienne (par le même). *Paris, imp. impériale*, 1868; ens. 2 vol. in-8, dem.-rel. maroq. brun, fleurons, tr. peign.

30. Étude sur l'idiome des Vèdas et les origines de la langue sanscrite, par Ad. Regnier. *Paris, Lahure*, 1855; in-4, br. (1re partie).

31. RGYA TCH'ER ROL PA, ou Développement des jeux contenant l'histoire du Bouddha Cakya-Mouni, traduit sur la version tibétaine du Bkah Hgyour et revu sur l'original sanscrit (Lalitavistarâ), par Th. Ed. Foucaux. *Paris, imp. royale*, 1847; 2 vol. in-4 br.

32. Grammaire égyptienne et Dictionnaire égyptien, par J. F. Champollion le jeune. *Paris, Firmin Didot, frères*, 1836-41 ; 2 vol. in-fol., v. ant.

33. Précis du système hiéroglyphique des anciens Égyptiens ou Recherches sur les éléments premiers de cette écriture sacrée, sur leurs diverses combinaisons et sur les rapports de ce système avec les autres méthodes graphiques égyptiennes, par M. Champollion le jeune. *Paris, imp. royale*, 1828 ; in-8, dem.-rel. v. f.

34. Mémoire sur l'origine égyptienne de l'alphabet phénicien, par M. le vicomte Emmanuel de Rougé, publié par les soins de M. le vicomte Jacques de Rougé. *Paris, imp. nationale*, 1874.

35. **THESAURUS** græcæ linguæ ab Henrico Stephano constructus. *Parisiis excudebat Ambrosius Firmin Didot*, 1831-1865 ; 8 vol. in-fol., dem.-rel. v. violet.

36. OEuvres complètes d'Isocrate, traduction nouvelle avec texte en regard, par le duc de Clermont-Tonnerre. *Paris, Firmin Didot frères*, 1862 ; 3 vol. gr. in-8, dem.-rel. v. fauve.

37. Théâtre des Grecs, par le père Brumoy. *Paris, Cussac*, 1785-1789 ; 13 vol. in-4, fig., v. rac., dent., tr. dorées.
Exemplaire en grand papier.

38. Origine et formation de la langue française, par A. de Chevallet. *Paris, Dumoulin*, 1858 ; 3 vol. in-8, dem.-rel., mar. bleu, tr. jasp.

39. Les Épopées françaises. Étude sur les origines et l'histoire de la littérature nationale, par Léon Gautier. *Paris, Victor Palmé*, 1865 ; 3 vol. gr. in-8, br.

40. La Chanson de Roland. Texte critique accompagné d'une traduction nouvelle et précédé d'une introduction historique, par Léon Gautier, avec eaux-fortes par Chifflart et V. Foulquier. *Tours, Alfred Mame*, 1872 ; 2 vol. et supplément, in-4 br.

41. Dictionnaire turk-oriental, destiné principalement à faciliter la lecture des ouvrages de Bâber, d'Aboul-Gâzi et de Mir-Ali-Chir-Nevai, par M. Pavet de Courteille. *Paris, imp. impériale*, 1870 ; in-4 br.

42. Poëme du Cid, texte espagnol et traduction française, par Damas Hinard. *Paris, imp. impériale*, 1863 ; in-4, dem.-rel. v. fauve.

43. Collection des poëtes de la Champagne. *Reims*, 1860 ; 7 vol. gr. in-8, dem.-rel. mar. bleu ciel, tête dor., n. rog.

> Romancero de Champagne, 5 vol. — Le Roman des quatre fils Aymon. — Le Roman de Foulque de Candie.

44. Anecdota Græca e codicibus regiis descripsit, annotatione illustravit J.-Fr. Boissonade. *Parisiis*, 1829 ; 6 vol. — Anecdota græca, descripsit Ludovicus Bachmannus. *Lipsiæ*, 1828 ; 2 vol. Ens. 8 vol. in-8, dem.-rel. v. rouge.

45. **BIBLIOTHÈQUE GRECQUE-LATINE.** *Paris, Didot*, 1865 ; 22 vol. gr. in-8, dem.-rel. mar. vert foncé, plats, toiles, tr. jaspées.

46. Collection des auteurs latins publiés par Barbou. *Paris*, 1755 ; 36 vol. in-12, v. antique, fil., tr. dor.

> Jules César, Pline, Sénèque, Eutrope, Cicéron, Catule, Virgile, Saluste, Phèdre, Ovide.

IV. HISTOIRE

47. Bulletin de la Société de géographie. *Paris, Ch. Dela-grave*, 1870 à 1874; 5 années en livr. in-8.

48. Histoire de la Géographie et des Découvertes géographiques depuis les temps les plus reculés jusqu'à nos jours, par Vivien de Saint-Martin. *Paris, L. Hachette*, 1873; gr. in-8 et atlas in-fol., dem.-rel. mar. rouge, tr. dor.

49. La Méditerranée (îles et ses bords), par L. Enault. *Paris, Morizot*, 1803, avec gravures gr. in-8, dem.-rel. mar. vert, plats toile, tr. dor.

50. Description de l'Égypte, ou Recueil des observations et des recherches qui ont été faites en Égypte pendant l'expédition de l'armée française, publiée par C.-L.-F. Panckoucke. *Paris*, 1821; 24 vol. in-8, dem.-rel. mar. bleu.

Texte seul.

51. Egypt's place in universal history, an historical investigation in fives books, by Christian C. J. Bunsen, translated from the german by Charles H. Cottrell. *London*, 1848; 4 vol. in-8, cart.

52. The Monumental history of Egypt as recorded on the ruins of her temples, palaces and tombs, by William Osburn. *London*, 1854; 2 vol. in-8, cart.

53. Kœnigsbuch der alten Ægypter, von C. Richard Lepsius. *Berlin*, 1858; in-4, cart.

54. L'Étrurie et les Étrusques, ou Dix ans de fouilles dans les Maremmes toscanes, par A. Noel Des Vergers. *Paris, Firmin Didot frères* 1862-64; 2 vol. in-8, dem.-rel. v. fauve, tr. jasp.

55. Histoire des religions de la Grèce antique, par Alf. Maury. *Paris, Ladrange,* 1857; 3 vol. in-8, dem.-rel. v. fauve, tr. jasp.

56. Histoire de l'esclavage dans l'antiquité, par H. Wallon. *Paris, Impr. royale,* 1847; 3 tomes en 2 vol. in-8, dem.-rel. v. vert. tr. marb.

57. Description de la Grèce de Pausanias, traduction nouvelle avec le texte grec par M. Clavier. *Paris,* 1814-1823; 6 vol. in-8, dem.-rel. v. f.

58. E. Beulé. L'Acropole d'Athènes et études sur le Péloponèse. *Paris, Firmin Didot frères,* 1855; 3 vol. in-8, dem.-rel. maroq. rouge fil. tr. dor.

59. Athènes aux xve, xvie et xviie siècles. — Documents inédits ou peu connus sur l'histoire et les antiquités d'Athènes, par le comte de La Borde. *Paris, J. Renouard,* 1854; 3 vol. in-8, dem.-rel. maroq. br. tr. jasp.

60. Athènes décrite et dessinée par Ernest Breton, suivie d'un Voyage dans le Péloponèse. *Paris, Gide,* 1862; gr. in-8, fig., dem.-rel. maroq. rouge, fil. dos orné, tit. dor., n. rog.

61. Les Monnaies d'Athènes, par E. Beulé. *Paris, Rollin,* 1858; in-4, fig. dem.-rel. maroq. viol., tr. jasp.

62. Histoire critique de l'établissement des colonies grecques, par M. Raoul Rochette. *Paris, Treuttel et Würtz,* 1815; 4 vol. in-8, dem.-rel. v. rac.

63. Histoire du Bas-Empire, par Lebeau, édition revue, entièrement corrigée et augmentée d'après les historiens orientaux, par M. de Saint-Martin. *Paris, Firmin Didot frères*, 1824-26; 21 vol. in-8, v. fauve, fil. tr. marbr.

64. Le Palais impérial de Constantinople et ses abords, par J. Labarte. *Paris, Victor Didron*, 1861; in-4, dem.-rel. maroq. rouge, dos orné, fil., tête dorée, non rogné.

65. Exploration archéologique de la Galitie et de la Bithynie, publiée par Georges Perrot, Ed. Guillaume et Jules Delbet. *Paris, Firmin Didot frères*, 1862; in-fol. texte et in-fol. planches, dem.-rel. maroq. noir, tr. jaspées.

66. Histoire romaine de Dion Cassius, traduite en français par E. Gros. *Paris, Firmin Didot frères*, 1845-1870; 10 v. in-8, dem.-rel. v. fauve.

67. Histoire des empereurs et des autres princes qui ont régné durant les six premiers siècles de l'Église, etc., avec des notes, par M. Lenain de Tillemont. *Paris*, 1700-1738; 6 vol. in-4, dem.-rel., v.

68. Histoire de la décadence et de la chute de l'empire romain, traduite de l'anglais d'Édouard Gibbon, nouvelle édition publiée par M. F. Guizot. *Paris, chez Ledentu*, 1828; 13 vol. in-8, dem.-rel. v. fauve, tr. jasp.

69. Recueil des historiens des Croisades. — Historiens occidentaux, tom. II et tom. III. *Paris, Impr. impériale*, 1859; 2 vol. — Historiens orientaux, tom. Ier. *Paris*, 1872; 1 vol. — Documents arméniens, tom. Ier. *Paris, Imp. impériale*, 1869; 1 vol. — Recueil des historiens de la Gaule et de la France. *Paris, Impr. impériale*, 1859; tom. XXI et XXII. 2 vol. ens. 6 vol. in-fol. br.

70. Recueil des historiens des Croisades. — Historiens occidentaux. *Paris, Impr. royale*, 1844; 2 tomes en un vol., dem.-rel. maroq. brun, tr. peig.

71. Histoire de l'Empire ottoman, depuis son origine jusqu'à nos jours, par J. de Hammer, traduite de l'allemand sur les notes et sous la direction de l'auteur, par J.-J. Hellert. *Paris*, 1835; 18 tom. en 17 vol. in-8, dem.-rel. v. bl.

72. La Turquie au XIXᵉ siècle, par Camille Rogier. *Paris, H. Gaché*, 1854; gr. in-fol. cart. (30 planches chromo-lithog.)

73. Le Temple de Jérusalem, monographie du Haram-ech-Chérif, par le comte Melchior de Vogüé. *Paris, Noblet*, 1864; in-fol. texte et planches dans un carton.

---

74. **MÉMOIRES ET DISSERTATIONS** sur les antiquités nationales et étrangères, publiées par la Société des Antiquaires de France. *Paris*, 1850-1873; 15 vol. in-8, dem.-rel. maroq. bleu, tr. jasp.
Tomes XX à XXXIV. Le tome 34ᵉ est broché.

75. **COLLECTION DE LA SOCIÉTÉ DE L'HISTOIRE DE FRANCE.** *Paris, Jules Renouard*, 1851 à 1874; 86 vol. in-8, brochés.
— Les Chroniques de Monstrelet, 6 vol. — Mémoires de Mathieu Molé, 4 vol. — Mémoires de Cosnac, 2 vol. — Histoire des règnes de Charles VII et de Louis XI, 4 vol. — Ancienne chronique d'Angleterre, 3 vol. — Grégoire de Tours, les Livres des Miracles, 4 vol. — Bibliographie des Mazarinades, 3 vol. — Choix de Mazarinades, 2 vol. — Comptes de l'argenterie des rois de France, 1 vol. — Journal d'un bourgeois de Paris, 1 vol. — Journal et mémoires du marquis d'Argenson, 9 vol. — Chronique des quatre premiers Valois, 1 vol. — Mémoires de Beauvais Nangis, 1 vol. — Chronique de Mathieu Descouchy, 3 vol. —

Choix de pièces inédites relatives au règne de Charles VI, 2 vol. — Œuvres complètes de Brantôme, 7 vol. — Comptes de l'hôtel au xive et xve siècle, 1 vol. — Les Commentaires de Monluc, 5 vol. — Rouleau des Morts, 1 vol. — Œuvres complètes de Suger, 1 vol. — Mémoires de Mme de Mornay, 2 vol. — Histoire de saint Louis, 1 vol. — Chronique des églises d'Anjou, 1 vol. — Chronique des comtes d'Anjou, 2 vol. — Chronique de Froissard, 5 vol. — Mémoires de Bassompierre, 2 vol. — Les Annales de Saint-Bertin et de Saint-Vast, 1 vol. — Chronique d'Ernould et de Bernard le trésorier, 1 vol. — Histoire de Béarn et de Navarre, 1 vol. — Chronique de Saint-Martial de Limoges, 1 vol. — Nouveau Recueil de comptes de l'argenterie des rois de France, 1 vol. — Vie de saint Louis, tome VI. — Journal de Louis XV, tomes III et IV. — Orderici vitalis historiæ ecclesiasticæ, tomes IV et V. — Bulletin de la société d'Histoire de France, 1849 à 1868; 14 vol. in-8 cart. Bradel (*Belmond*).

76. Recherches sur les empereurs qui ont régné dans les Gaules au iiie siècle de l'ère chrétienne, par J. de Witte. *Paris, Rollin et Feuardent*, 1868; in-4, cart. (49 planches.)

77. Le Tombeau de Childéric Ier, roi des Francs, restitué à l'aide de l'archéologie, par l'abbé Cochet. *Paris, Derache*, 1859; fig. dem.-rel. maroq. rouge, gr. in-fol. avec coins, fil. tête dor. n. rog.

78. Testament politique de M. cardinal de Richelieu, manuscrit in-4 de 503 p. (copie du siècle dernier), dem.-rel. maroq. rouge.

79. Correspondance des Contrôleurs généraux des finances avec les Intendants des provinces, publiée par ordre du ministre des finances, d'après les documents conservés aux archives nationales, par A.-M. de Boislisle. *Paris, Imprimerie nationale*, 1874; in-4 br. de 1683 à 1699. (Tom. Ier.)

80. L'Ancien Bourbonnais (histoire, monuments, mœurs, statistique), par Achille Allier, gravé et lithographié sous la direction de M. Aimé Chenavard. *Moulins*, 1833; 2 vol. et atlas in-fol. dem.-rel. maroq. bleu, n. rog.

81. Sigillographie de Toul par Ch. Robert. *Paris, Rollin et Feuardent*, 1868; in-4 br. (Planches.)

82. Numismatique de Cambrai, par C. Robert. *Paris, Rollin et Feuardent*, 1861; in-4 br. (*Planches.*)

83. Bulletin de la Société pour la conservation des monuments historiques d'Alsace. *Paris et Strasbourg*, 1857-1871; 12 vol. dem.-rel. maroq. vert, très-jasp.

1re série, 1856 à 1861, 4 vol. petit in-8.
2e série, 1862 à 1871, 8 vol. grand in-8.

V. ARCHÉOLOGIE

84. Revue archéologique ou Recueil de documents et de mémoires relatifs à l'étude des monuments à la numismatique et à la philosophie, etc. *Paris, Leleux, Didier*, 1844-1873; 29 années en 42 vol. in-8 dem.-rel. chagr. vert.

85. Dictionnaires des antiquités romaines et grecques, accompagné de 2,000 gravures d'après l'autique, par Antony Rich. — Dictionnaire de biographie, mythologie, géographie anciennes accompagné de près de 1,000 gravures d'après l'antique, par N. Theil. *Paris, Firmin Didot fr.*, 1863-1866; 2 vol. petit in-8 dem.-rel. maroq. vert, dos orné à petit fers, tr. peign.

86. Inscriptions chrétiennes de la Gaule antérieures au viiie siècle réunies et annotées par Edm. Le Blant. *Paris, Imp. impériale*, 1856-1865; 2 vol. in-4 dem.-rel. maroq rouge avec coins, tête dorée, non rogné.

87. Corpus inscriptionum græcarum auctoritate et impensis academiæ litterarum regiæ Borussicæ edidit Augustus Boeckins. *Berolini,* 1828; 4 vol. in-fol. dem.-rel. maroq. viol. tr.-jasp.

Le tome IV est broché, il n'est pas terminé.

88. Numismatique et inscriptions cypriotes, par H. de Luynes. — Mémoire sur le sarcophage et l'inscription funéraire d'Esmunazar, roi de Sidon, par H. Dalbert de Luynes. *Paris, Plon fr..* 1852; 2 vol. in-4 cart.

89. Lettres de Bartolomeo Borghesi. *Paris, Impr. nationale,* 1872 ; 2 vol. in-4 br.

Tomes VII et VIII des œuvres.

VI. HISTOIRE LITTÉRAIRE
BIBLIOGRAPHIE

90. Mémoires de l'Académie des inscriptions et belles-lettres. 14 vol. in-4 cart.

Tomes XIX, 2 vol. — XX, 2 vol. — XXI, 2 vol. — XXIII, 2 vol. — XXIV, 2 vol. — XXV (2e partie), 1 vol. — XXVI, 2 vol. — XXVIIe, (2e partie), 1 vol.

91. Mémoires présentés par divers savants à l'Académie des inscriptions et belles-lettres de l'Institut de France.

1re série, tomes I, II, III, IV, V, 2 vol.; VI, 2 vol.; VII, 1 vol.; VIII, 2 vol

2e série, tomes III, IV, 2 vol.; V, 2 vol.

92. Académie des inscriptions et belles-lettres. — Comptes rendus. *Paris, Auguste Durand,* 1857 à 1873; 16 vol. in-8 dem.-rel. v. rouge.

93. Notices, Éloges, Brochures etc., plubliées par l'Académie française, des beaux-arts ou des inscriptions, et belles-lettres, environ 100 pièces réunies en 70 cart. in-4

94. Histoire de la littérature grecque profane depuis son origine jusqu'à la prise de Constantinople par les Turcs, suivie d'un précis de l'histoire de la transplantation de la littérature grecque en Occident, par M. Schœll. *Paris,* 1823-1825; 8 vol. in-8 dem.-rel. v. viol.

95. Histoire abrégée de la littérature grecque sacrée et ecclésiastique. *Paris, Gide,* 1832. — Bibliothèque sacrée grecque-latine, par Ch. Nodier. *Paris,* 1826. Ens. 2 vol. in-8 dem.-rel. vert antiq.

96. Histoire abrégée de la littérature romaine, par F. Schœll *Paris,* 1815; 4 vol. in-8 dem.-rel. bas.

97. Histoire littéraire de la France, ouvrage commencé par des religieux bénédictins de la Congrégation de Saint-Maur et continué par des Membres de l'institut. *Paris, Firm. Didot fr.,* 1862; 5 vol. in-4 cart.
Tomes XXII, XXIII, XXIV, XXV et XXVI.

98. Histoire littéraire de la France au xive siècle, discours sur l'état des lettres, par Victor Le Clerc. — Discours sur l'état des beaux-arts par Ern. Renan. *Paris, Mich. Levy,* 1865 ; 2 vol. gr. in-8 dem.-rel. veau fauve n. rog.

99. Archives des missions scientifiques et littéraires. *Paris, Imp. nationale,* 1850-1872; 13 vol. in-8 dem.-rel. chagr. vert.
1re série, 6 vol. et 2e série 7 vol.

100. Revue des cours littéraires de la France et de l'étranger. *Paris, Germ. Boyer,* 1866-1874 ; 12 vol. in-4 dem.-rel. maroq. bleu, tr. jasp.

101. Éléments de paléographie, par M. Natalis de Vailly. *Paris, Impr. royale,* 1838 ; 2 vol. in-4 dem.-rel. maroq. rouge avec coins, fil. dos orné, tête dor. n. rog.
Bel exemplaire.

102. Bibliotheca græca sive Notitia scriptorum veterum græcorum authore Fabricio, cum notis Harlesii. *Hamburgi*, 1790; 12 vol. in-4 avec l'index parch.

103. Notices et extraits de manuscrits de la Bibliothèque. 12 vol. in-4 cart.

> Tomes XV 2 vol. (comprenant la table alphabétique des matières renfermées dans les 14 premiers vol.).
> Tomes XVIII, 2 parties; XIX, 2 vol.; XX, 2 vol.; XXI, 2 vol.; XXII, 2 vol.; XXIII, 2° partie.

104. Inventaire sommaire et tableau méthodique des fonds conservés aux Archives nationales (Ire partie). *Paris, Imp. nationale*, 1871; in-4 broché.

———

105. Manuel du libraire et de l'amateur de livres par Jacques-Charles Brunet. *Paris, Firm. Didot*, 1860-1865; 6 vol. in-8 dem.-rel. maroq. vert tr. peign.

———

VII. JOURNAUX

106. Journal des Savants de 1844-1874; 24 vol. in-4 cart.

> 1844 à 1859, 16 vol. — Tables 1816 à 1858, 1 vol. — 1860 à 1863, 4 vol. — et 1872-1873-1874, 3 vol.

107. Journal asiatique. 1829-1831; 6 vol. in-8 cart. et de 1862-1873; en tout 16 années complètes.

108. Revue contemporaine. *Paris*, 1852-1870; 108 vol. in-8 dem.-rel. maroq. vert.

109. Revue nationale et étrangère politique scientifique et littéraire *publiée par M. Charpentier. Paris*, 1860-1867; 27 vol. gr. in-8 dem.-rel. maroq. rouge.

Vᵉ RENOU, MAULDE et COCK, impʳ de la Compagnie des Commissaires-Priseurs, rue de Rivoli, 144.   63613